BEI GRIN MACHT SICH IHR WISSEN BEZAHLT

- Wir veröffentlichen Ihre Hausarbeit,
  Bachelor- und Masterarbeit

- Ihr eigenes eBook und Buch -
  weltweit in allen wichtigen Shops

- Verdienen Sie an jedem Verkauf

Jetzt bei www.GRIN.com hochladen
und kostenlos publizieren

Bibliografische Information der Deutschen Nationalbibliothek:

Die Deutsche Bibliothek verzeichnet diese Publikation in der Deutschen National-bibliografie; detaillierte bibliografische Daten sind im Internet über http://dnb.d-nb.de/ abrufbar.

Impressum:

Copyright © 2018 GRIN Verlag
Druck und Bindung: Books on Demand GmbH, Norderstedt Germany
ISBN: 9783346085573

Dieses Buch bei GRIN:

https://www.grin.com/document/511408

Kevin Messerschmidt

Ein Veränderungsprozess des FC Schalke 04 mithilfe des 5-Phasen-Modells nach Krüger

GRIN Verlag

GRIN - Your knowledge has value

Der GRIN Verlag publiziert seit 1998 wissenschaftliche Arbeiten von Studenten, Hochschullehrern und anderen Akademikern als eBook und gedrucktes Buch. Die Verlagswebsite www.grin.com ist die ideale Plattform zur Veröffentlichung von Hausarbeiten, Abschlussarbeiten, wissenschaftlichen Aufsätzen, Dissertationen und Fachbüchern.

Besuchen Sie uns im Internet:

http://www.grin.com/

http://www.facebook.com/grincom

http://www.twitter.com/grin_com

Transferreport

Strategy

**Ein Veränderungsprozess am Beispiel des FC Schalke 04
mithilfe des 5-Phasen-Modells nach Krüger**

Kevin Messerschmidt

Inhaltsverzeichnis

Abbildungsverzeichnis

Abkürzungsverzeichnis

CSR   Corporate Social Responsibility (dt.: Unternehmerische Sozialverantwortung

FC   Fußballclub

RWE   börsennotierter Energieversorgungskonzern mit Sitz in Essen

1 Einleitung und Auswahl der Strategie

In einer zunehmend globalisierten und industrialisierten Welt stehen sich die einzelnen professionellen Fußballvereine nicht nur sportlich in den Arenen dieser Welt als Konkurrenten gegenüber, sondern zunehmend auch abseits des grünen Rasens: Diese Konkurrenz bezieht sich längst nicht mehr rein auf den wirtschaftlichen Wettbewerb, sondern auch immer stärker auf den Bereich Nachhaltigkeit.

Das Thema Nachhaltigkeit betrifft jeden Verein in seinem direkten Umfeld und wird damit auch von den Vereinen selbst mit einer steigenden Wichtigkeit bedacht. So stellte der VfL Wolfsburg im November 2016 bereits seinen dritten eigenen Nachhaltigkeitsbericht vor, um seinen Anhängern offenzulegen, wie verschiedene Themen aus dem Bereich der Nachhaltigkeit beim VfL Wolfsburg angegangen wurden.[1] In seinem Nachhaltigkeitsbericht bezieht sich der VfL Wolfsburg auf die unabhängige Studie „Nachhaltigkeit im Profifußball" der Hannoveraner Beratungsgesellschaft *imug für sozial-ökologische Innovationen mbH*, bei welcher der VfL mit großem Abstand den ersten Rang belegt.[2]

Die Studie beschäftigt sich mit der zunehmenden gesellschaftlichen und ökologischen Verantwortungsübernahme der Bundesliga-Fußballclubs. In der Studie wurden 15 Kriterien der Bereiche „Der Klub", „Der Spieltag" und „Das Umfeld" aller damaligen 18 Bundesligisten bewertet und in Relation zueinander gesetzt und somit eine indizierte Tabelle erstellt, bei welcher der VfL Wolfsburg mit 93,50 Indexpunkten die Führung übernimmt. Der in dieser Hausarbeit betrachtete Verein FC Schalke 04 rangiert lediglich auf Rang 14 mit 29,75 Punkten, wodurch sich ein enormes Verbesserungspotential ergibt.[3]

Weitere Informationen zum bisher rückständigen Nachhaltigkeitsmanagement des FC Schalke 04 lassen sich unter anderem im Bundesliga-Umweltreport des Fußballver-

---

[1] VfL Wolfsburg (2016b): Nachhaltigkeitsbericht veröffentlicht, in VfL Wolfsburg online, Abruf: 21.05.2018

[2] VfL Wolfsburg (2016a): Der Nachhaltigkeitsbericht des VfL Wolfsburg, S. 18

[3] imug Beratungsgesellschaft für sozial-ökologische Innovationen mbH (2016): Nachhaltigkeit im Profifußball, Abruf: 21.05.2018

bands der *Bundesliga* aus dem Jahr 2013[4], sowie aus der Öko-Tabelle der Bundesliga vom *Spiegel* aus dem Jahr 2017 finden.[5]

Zur Darstellung des nötigen Veränderungsprozesses beim FC Schalke 04 wird in dieser Hausarbeit das 5-Phasen-Modell nach *Wilfried Krüger* gewählt, da es am greifbarsten scheint, indem es den Gesamtprozess des nötigen Wandels mit der Kernaussage, ein grüneres Schalke zu erreichen, in einzelne Prozessschritte unterteilt. Durch diese Unterteilung wird der gesamte Wandlungsprozess greifbar und nachvollziehbar dargestellt, wodurch eine für alle Beteiligten erhöhte Identifikation mit dem Prozess entsteht.

2   Das 5-Phasen-Modell nach Krüger

Folgende Grafik verdeutlicht den Ansatz von *Wilfried Krüger*, welcher das Wandlungsmanagement anhand eines fünfstufigen Wandlungsprozesses darstellt.

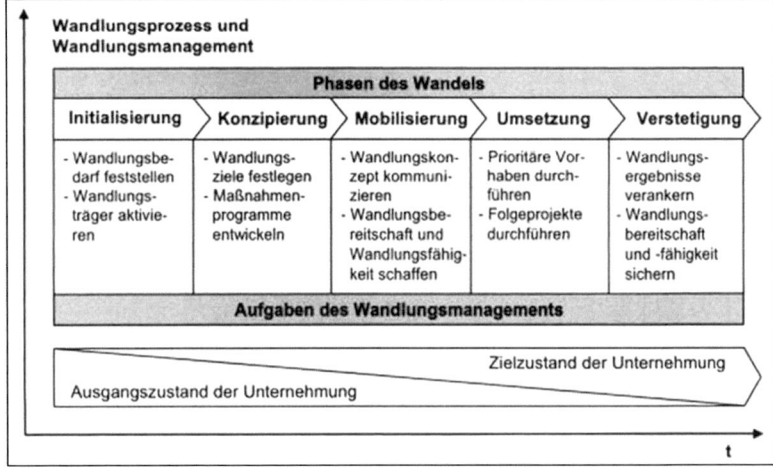

Abbildung 1: Wandlungsprozess und Wandlungsmanagement (nach Krüger)[6]

Wie zu sehen ist, unterscheidet *Krüger* den Wandlungsprozess in die fünf Phasen Initialisierung, Konzipierung, Mobilisierung, Umsetzung und Verstetigung und definiert je Phase zwei Hauptaufgaben von der Bestimmung des Wandlungsbedarfs bis hin zur

---

[4] DIE LIGA – Fußballverband e.V. (2013): Bundesliga-Umweltreport, in DFL online, Abruf: 21.05.2018

[5] Kaleta (2017): Öko-Tabelle der Bundesliga, in Spiegel online, Abruf: 21.05.2018

[6] Krüger (2009): Wandlungsprozess und Wandlungsmanagement, in Excellence in Change, S. 70

finalen Verankerung der erreichten Wandlungsergebnisse. Mithilfe dieses Prozesses erreicht man im Zeitverlauf t einen Wandel vom Anfangszustand der Unternehmung bis zur Zielsetzung der Unternehmung.

Durch die einzelnen Prozessschritte lassen sich relativ flexibel weitere spontane Anpassungen im Prozess vornehmen. Die einzelnen Aufgaben des Wandlungsmanagements lassen sich anhand der Abbildung nachvollziehbar ablesen und werden im weiteren Verlauf der Hausarbeit auf die einzelnen Prozessschritte beim FC Schalke 04 angewendet.

3 Der Veränderungsprozess beim FC Schalke 04

Der FC Schalke 04 ist einer der erfolgreichsten Fußballclubs der Bundesliga – dies gilt sowohl für die sportliche, als auch für die wirtschaftliche Situation des Vereins. In der Abschlusstabelle der Bundesliga-Saison 2017/2018 auf Tabellenrang 2 liegend, erwirtschaftete der FC Schalke 04 im Geschäftsjahr 2017 einen Umsatz von 240,1 Millionen Euro. Sowohl beim Umsatz (minus 25 Millionen Euro), also auch beim Gewinn wurden Rückgänge erzielt, was auch auf verpasste Europapokal-Spiele in der abgelaufenen Saison zurückzuführen ist. Für das Geschäftsjahr 2018 erwartet Finanzvorstand Peter Peters Umsatzerlöse in Höhe von rund 257,7 Millionen Euro.[7]

Einhergehend mit dieser wirtschaftlichen Stärke wachsen auch die Erwartungen der Gesellschaft an eine bewusste Verantwortungsübernahme des Fußballclubs. Um der hohen Diskrepanz zwischen sportlichem und wirtschaftlichem Erfolg auf der einen Seite, aber dem schlechten Abschneiden des FC Schalke 04 in Nachhaltigkeits-Rankings auf der anderen Seite entgegenzuwirken, zeigt diese Hausarbeit einen Weg auf, die Wahrnehmung des FC Schalke 04 im Bereich der Nachhaltigkeit zu verbessern.

Ausgehend von einer detaillierten SWOT-Analyse wurde das steigende Umweltbewusstsein der Gesellschaft sowie wachsende Anforderungen im Hinblick auf Umweltschutzthemen als Gefahr für den FC Schalke 04 definiert. Aus den eigenen Schalker Schwächen und den drohenden Gefahren im Hinblick auf Nachhaltigkeit entwickelt diese Hausarbeit eine WT-Strategie, um durch die Implementierung nachhaltiger Prozesse und umweltfreundlicher Technologien gesellschaftsbezogene Ziele zu erreichen. Mit welchen Prozessschritten dieser Wandel vollzogen werden soll, zeigen die einzelnen folgenden Unterkapitel.

---

[7] Eberhardt (2018): Schalke 04: Umsatzrückgang und 12,2 Mio. Euro Verlust, in Sponsors online, Abruf: 21.05.2018

3.1 Initialisierung

Bei der Initialisierung des Wandlungsmanagements geht es zunächst um eine Bestandsaufnahme und –bewertung des bisherigen Status Quo, aus dem sich eine Notwendigkeit zur Veränderung ergeben kann.

So schreibt der FC Schalke 04 explizit in seinem Leitbild, dass unter anderem soziale Verantwortung aktiv gestaltet werden soll.[8] Zudem hat Schalke das Thema Umwelt im Verhaltenskodex festgehalten und formuliert die vereinsinternen Umweltziele wie folgt: *„Der Schutz der Umwelt und die Schonung der natürlichen Ressourcen sind unabdingbar. Deshalb sind wir fortlaufend bemüht, die Auswirkungen auf die Umwelt zu verringern, indem wir verantwortungsbewusst mit Rohmaterialien umgehen sowie Abfallaufkommen und Emissionen reduzieren. Dazu gehört auch ein sparsamer Energieverbrauch in eigenen Bereichen."* [9]

Gemäß der bereits gezeigten Rückstände in sämtlichen Nachhaltigkeits-Rankings und des eigenen Anspruchs im Hinblick auf nachhaltiges Auftreten, ergibt sich ein erhebliches Aufholpotenzial für den FC Schalke 04. Damit sich der Verein langfristig besser in Nachhaltigkeits-Rankings platzieren kann, sind einige Maßnahmen erforderlich. Bei der Bestimmung der Wandlungstreiber gemäß des Modells von *Krüger* ist auffällig, dass das aktuelle Organigramm des FC Schalke 04 keine CSR-Abteilung oder ähnliches aufzeigt, welche als Wandlungstreiber den Wandel vorantreiben könnte.[10] Hier setzt das folgende Unterkapitel an, um im Bereich der Konzipierung des Wandels systematisch fortzuschreiten.

3.2 Konzipierung

Im ersten Prozessschritt der Initialisierung wurde festgestellt, dass ein Wandlungsprozess zu vollziehen ist, um den eigenen Anspruch auch tatsächlich in die Tat umzusetzen und so ein besseres Standing in Sachen Nachhaltigkeit zu erreichen. In der Phase der Konzipierung erfolgen nun die konkrete Festlegung der Ziele und das Entwickeln eines möglichst exakten Maßnahmenplans zum Abbau beziehungsweise Umbau bisheriger oder auch zum Aufbau neuer Strukturen. Der Wandlungsbedarf soll durch eine geeignete Wandlungsstrategie abgedeckt werden.

---

[8] FC Schalke 04 (o.J.): Leitbild, in FC Schalke 04 online, Abruf: 21.05.2018

[9] FC Schalke 04 (o.J.): Verhaltenskodex, in FC Schalke 04 online, Abruf: 21.05.2018

[10] FC Schalke 04 (o.J.): Organigramm, in FC Schalke 04 online, Abruf: 21.05.2018

Im vorliegenden Beispiel vom FC Schalke 04 bietet sich die Einrichtung einer eigenen CSR-Abteilung an, welche die Aktivitäten der Bereiche Umwelt und Nachhaltigkeit, sowie soziale Verantwortung bündelt. Diese neu zu schaffende CSR-Abteilung könnte analog des Musterbeispiels VfL Wolfsburg ebenfalls einen Nachhaltigkeitsbericht entwickeln und auflegen. In diesem Schritt ist es erforderlich, konkrete Ziele zu definieren und zu formulieren, damit sie im Nachgang evaluiert und so auf die erfolgreiche Umsetzung hin überprüft oder für die Zukunft angepasst werden können. Eines dieser möglichen Ziele könnte sein, den CO_2-Ausstoß der Flottenfahrzeuge des FC Schalke 04 in den kommenden drei Jahren um 25 Prozent zu senken oder mindestens einen Anteil von 50 Prozent an elektrisch betriebenen Fahrzeugen in der Flotte zu haben.

Am Ende der Konzipierungs-Phase steht ein konkret formulierter Maßnahmenplan mit festgelegten Zielen, welche in einem definierten Zeithorizont erreicht werden sollen.

3.3 Mobilisierung

Dieser entwickelte Maßnahmenplan muss nun kommuniziert werden, damit jeder Betroffene Teil des Wandels wird und diesen Wandel selber mit trägt und lebt. Durch die offene Kommunikation erreicht man ein hohes Maß an Akzeptanz, welches erforderlich ist, damit der Wandel erfolgreich und glaubhaft vollzogen werden kann.

Zur Kommunikation des Maßnahmenplans bietet sich die Vorstellung eines Nachhaltigkeitsberichts an, da hier dargelegt wird, welche Maßnahmen bisher wie und in welchem Umfang umgesetzt wurden und wie die zukünftige Ausrichtung aussehen wird. Eine aufmerksamkeitsstarke Präsentation des Maßnahmenplans könnte der FC Schalke 04 erreichen, indem man den Termin zur Präsentation beispielsweise auf den Tag der Trikotpräsentation zu Beginn der neuen Saison legt und das Schalke-Logo temporär für den Tag der Präsentation von königsblau zu einem satten Grün ändert.

Bei einem derart tiefgreifenden Wandel hin zu einem grüneren Schalke sollten die kommunizierten Ziele auch tatsächlich umgesetzt werden. So könnte man in Rücksprache mit dem Sponsor auch einmalig ohne Gazprom-Botschaft auf dem Trikot auflaufen oder mit einem speziellen Umwelt-Thema auf der Brust werben.

Mithilfe dieser Maßnahmen der Mobilisierungs-Phase werden möglichst viele Leute in den Wandlungsprozess eingeweiht und für den Wandel mobilisiert.

3.4 Umsetzung

Betrachtet man den Prozessschritt der Umsetzung, bietet sich ein Blick zu bisher umgesetzte Maßnahmen an, aus denen weitere zukünftige Maßnahmen abgeleitet werden können. Darüber hinaus lassen sich auch weitere, bisher noch nicht verfolgte Ansätze aufnehmen und unter Umständen umsetzen.

Als wesentlicher Baustein des Spieltages, ist das „Schalke Catering" nach ZNU-Standard (Zentrum für Nachhaltige Unternehmensführung, Universität Witten/Herdecke) zertifiziert und setzt als Abteilung der FC Schalke 04 Arena Management GmbH auf Nachhaltigkeit in den Bereichen Umwelt, Wirtschaft und Soziales.[11]

Ein weiterer Aspekt, der direkt das Spieltags-Catering betrifft, ist die Kritik der *Deutschen Umwelthilfe*, dass die Bundesliga-Saison 2017/2018 mit einem Müllberg aus 11,5 Millionen Einwegbechern endete. So schreibt die Deutsche Umwelthilfe: „*Allein die fünf Bundesligisten Borussia Dortmund, Bayern München, Schalke 04, Hamburger SV und der FC Köln sind für mehr als die Hälfte aller verbrauchten Plastikbecher in der ersten und zweiten Liga verantwortlich.*" Gleichzeitig fordert sie einen Umstieg hin zum verstärkten Einsatz von Mehrwegbechern.[12] Dieser Forderung könnte der FC Schalke 04 schnell und relativ unkompliziert nachgeben und die Nutzung von Einwegbechern einstellen.

Ein beliebter Ansatzpunkt zur Verbesserung der eigenen Öko-Bilanz ist der Aufbau und die Nutzung von Photovoltaikanlagen. Aufgrund des leichten Schiebedachs und des hohen Gewichts der nötigen Anlage ist jedoch keine Ausstattung des Arenadachs mit einer Photovoltaikanlage möglich. Dies ist jedoch unter anderem in Freiburg, Bremen und Dortmund der Fall. Allerdings installierte das Unternehmen RWE auf Anregung der Schalker eine Photovoltaikanlage an der Straßenbahnhaltestelle der Veltins Arena. Zudem greift der FC Schalke 04 auf einen eigenen Brunnen zurück. So konnten zwischen den Jahren 2005 und 2012 knapp 30 Millionen Liter Frischwasser und Abwasser eingespart werden.[13] Neben diesen bereits umgesetzten Maßnahmen sollte Schalke versuchen, noch weitere Bauten rund um das Vereinsgelände mit einer Photovoltaikanlage auszurüsten und die Nutzung von Brunnenwasser weiter zu optimieren.

Eine weitere Maßnahme, die aktuell umgesetzt wird, orientiert sich vermutlich auch am Branchenprimus des VfL Wolfsburg in Sachen Nachhaltigkeit: So erhält die Veltins

---

[11] Veltins Arena (o.J.): Nachhaltigkeit, in Veltins Arena online, Abruf: 21.05.2018

[12] Deutsche Umwelthilfe (2018): Bundesligasaison endet mit Müllberg aus 11,5 Millionen Einwegbechern, in Deutsche Umwelthilfe online, Abruf: 21.05.2018

[13] DIE LIGA – Fußballverband e.V. (2013): Bundesliga-Umweltreport, in DFL online, Abruf: 21.05.2018

Arena wie die Volkswagen Arena in Wolfsburg ein neues LED-Flutlichtsystem – unter anderem zur Einsparung von Energie.[14]

Aufgrund der großen Fanbasis und des großen Einzugsgebiets der Fans aus dem Ruhrgebiet bietet sich zudem eine Kooperation mit den örtlichen Nahverkehrsanbietern an, um die Fans an Spieltagen kostengünstig oder sogar kostenfrei zu den Spielen in die Veltins Arena zu bringen und so den Straßenverkehr zu schonen.

Trotz all dieser Bemühungen und Zielsetzungen greift der FC Schalke 04 auf Gazprom als Hauptsponsor zurück – ein Unternehmen mit dem Hauptgeschäftsfeld der *„geologische[n] Erkundung, Förderung, Transport, Speicherung, Verarbeitung und Vermarktung von Gas, Gaskondensat und Erdöl"*.[15] Allein durch diese enge Verbindung zu einem Unternehmen, welches die Umwelt direkt beeinflusst, wirken die Worte des Verhaltenskodex nur begrenzt glaubwürdig. Selbst wenn Schalke alle Bemühungen zur Reduktion der eigenen Umweltauswirkungen nachhaltig umsetzt, wird der Verein doch maßgeblich von einem Unternehmen mit negativen Umweltauswirkungen unterstützt.

3.5 Verstetigung

Im letzten Prozessschritt der Verstetigung gilt es, die bereits erreichten Ergebnisse zu verankern und die Wandlungsbereitschaft auch in der Zukunft beizubehalten. Zudem ist es die Pflicht der Verantwortlichen, die neuen Prozesse, Abläufe, Aktivitäten und das neue Denken akribisch zu verfolgen, um nicht in alte Muster zurückzufallen.

Eine gute Möglichkeit zur Umsetzung in die Praxis bietet hier die selbst auferlegte Pflicht zur regelmäßigen Veröffentlichung des Nachhaltigkeitsberichts jährlich oder im zweijährlichen Rhythmus. Zudem kann man auf regelmäßige Erfahrungsaustäusche oder spezielle CSR-Workshops mit den weiteren Bundesligisten zurückgreifen oder bestehende Best Practice-Beispiele der Konkurrenz nutzen und übernehmen oder individuell adaptieren und auf das eigene Vereinsumfeld anpassen. Durch diese Maßnahmen soll die Wandlungsfähigkeit als Kernkompetenz der Unternehmung aufgebaut und kultiviert werden. Zudem wird die permanente Weiterentwicklung der Unternehmung gesichert.

---

[14] Stadionwelt Business (2018): VELTINS-Arena erhält neues LED-Flutlichtsystem, in Stadionwelt Business online, Abruf: 21.05.2018

[15] Gazprom (o.J.): Gazprom im Überblick, in Gazprom online, Abruf: 21.05.2018

4 Fazit

Der FC Schalke 04 ist durch die sportlichen Erfolge und die breite Fanbasis zu einem großen Wirtschaftsunternehmen geworden und trägt damit einhergehend eine hohe soziale Verantwortung. Bisher wird der Verein dieser Verantwortung nur bedingt gerecht; in Nachhaltigkeits-Rankings werden stets die hinteren Plätze belegt.

Um den Wandel hin zu einem grüneren Schalke zu vollziehen, werden neue Strukturen erforderlich sein, welche durch die Einrichtung einer eigenen CSR-Abteilung aufgebaut werden können. Die neu zu gründende Abteilung bündelt sämtliche Aktivitäten und Maßnahmen zur Erreichung der selbst gesteckten Nachhaltigkeitsziele und veröffentlicht diese in einem regelmäßigen Turnus in einem eigenen Nachhaltigkeitsbericht.

Flankiert von einzelnen aufmerksamkeitsstarken Aktionen und Werbemaßnahmen wie der temporäre Wandel der Vereinsfarben, vollzieht sich so der Wandel hin zu einer verbesserten Wahrnehmung der sozialen Verantwortung des FC Schalke 04.

Quellenverzeichnis

Deutsche Umwelthilfe (2018): Bundesligasaison endet mit Müllberg aus 11,5 Millionen Einweg-bechern, in Deutsche Umwelthilfe online, URL: https://www.duh.de/presse/pressemitteilungen/pressemitteilung/bundesligasaison-endet-mit-muellberg-aus-115-millionen-einwegbechern-deutsche-umwelthilfe-fordert-u/?no_cache=1, Abruf: 21.05.2018

DIE LIGA – Fußballverband e.V. (2013): Bundesliga-Umweltreport, in DFL online, URL: https://www.dfl.de/dfl/files/BL_Umwelt_Report.pdf, Abruf: 21.05.2018

Eberhardt, Henning (2018): Schalke 04: Umsatzrückgang und 12,2 Mio. Euro Verlust, in Sponsors online, URL: https://www.sponsors.de/schalke-04-umsatzrueckgang-und-122-mio-euro-verlust, Abruf: 21.05.2018

FC Schalke 04 (o.J.): Leitbild, in FC Schalke 04 online, URL: https://schalke04.de/verein/schalke-04-e-v/leitbild, Abruf: 21.05.2018

FC Schalke 04 (o.J.): Organigramm, in FC Schalke 04 online, URL: https://schalke04.de/verein/schalke-04-e-v/organigramm/, Abruf: 21.05.2018

FC Schalke 04 (o.J.): Verhaltenskodex, in FC Schalke 04 online, URL: https://schalke04.de/verein/schalke-04-e-v/verhaltenskodex/, Abruf: 21.05.2018

Gazprom (o.J.): Gazprom im Überblick, in Gazprom online, URL: http://www.gazprom.de/about/, Abruf: 21.05.2018

imug Beratungsgesellschaft für sozial-ökologische Innovationen mbH (2016): Nachhaltigkeit im Profifußball, URL: https://www.imug.de/fileadmin/user_upload/Downloads/imug_csr/imug_csr_studie_nachhaltigkeit_profifussball_2016.pdf, Abruf: 21.05.2018

Kaleta, Philip (2017): Öko-Tabelle der Bundesliga, in Spiegel online, URL: http://www.spiegel.de/sport/fussball/oeko-tabelle-der-bundesliga-meister-tsg-hoffenheim-a-1148568.html, Abruf: 21.05.2018

Krüger, Wilfried (2009): Excellence in Change, 4. Auflage, Gabler Verlag Wiesbaden

Stadionwelt Business (2018): VELTINS-Arena erhält neues LED-Flutlichtsystem, in Stadionwelt Business online, URL: https://www.stadionwelt-business.de/index.php?head=Neues-LED-Flutlichtsystem-in-VELTINS-Arena-installiert&rubrik=ausstattung&site=news_view&news_id=14797&kat=beleuchtung&ukat=flutlicht&firma=musco, Abruf: 21.05.2018

Veltins Arena (o.J.): Nachhaltigkeit, in Veltins Arena online, URL: http://www.veltins-arena.de/veltins-arena/nachhaltigkeit/, Abruf: 21.05.2018

VfL Wolfsburg (2016a): Der Nachhaltigkeitsbericht des VfL Wolfsburg, in VfL Wolfsburg online, URL: https://www.vfl-wolfs-burg.de/fileadmin/user_upload/Bilder/Alle_News/2016/Nachwuchs/VfL_Wolfsburg_CSR_Komplett_eBook_ES_161110.pdf, Abruf: 21.05.2018

VfL Wolfsburg (2016b): Nachhaltigkeitsbericht veröffentlicht, in VfL Wolfsburg online, URL: https://www.vfl-wolfsburg.de/de/info/aktuelles/detailseite/artikel/nachhaltigkeitsbericht-veroeffentlicht-44518.html, Abruf: 21.05.2018